Genealogie van het geslacht Van Greuninge(n)

Bas Roeling

Genealogie van het geslacht Van Greuninge(n)

Genealogisch & Heraldisch Bureau S. Roeling

Tekst in deze uitgave: © Jkr. Dr. Sebastiaan Eduard Markus Roeling 2021

ISBN: 978-1-6671-4016-2

NUR 680, Geschiedenis algemeen

Eerste druk, mei 2021 Bergschenhoek

Genealogisch & Heraldisch Bureau S. Roeling

Inhoud

Inleiding en ontstaan van de geslachtsnaam

De aanleiding voor het samenstellen van de genealogie van het geslacht Van Greuninge(n) is mijn verwantschap met deze familie via Johanna Catharina van Greuninge. Johanna huwde op 16-10-1907 te Rotterdam met Theodorus Alders. Samen kregen zij maar liefst dertien kinderen, waaronder mijn grootvader Philippus Johannes (Flip) Alders.

Veel geslachtsnamen zijn van toponiemen (aardrijkskundige namen) afgeleid. Het mag duidelijk zijn dat de geslachtsnaam Van Greuninge(n) daar één van is. De naam geeft aan waar de eerste vorouders van dit geslacht vandaan kwamen (herkomstnaam).

De naam komt vaker voor als geslachtsnaam en ook op verschillende plaatsen. Het in dit boek beschreven geslacht komt in de doop-, trouw- en begraafboeken en notariële akten in Amsterdam voor het eerst voor als Van Groeninge, later als Van Greuningen om uiteindelijk de laatste n te later vallen.

Het is aannemelijk dat een voorvader zich vanuit Groningen in Amsterdam heeft gevestigd en dat daar de geslachtsnaam is ontstaan die zijn nakomelingen zouden blijven voeren.

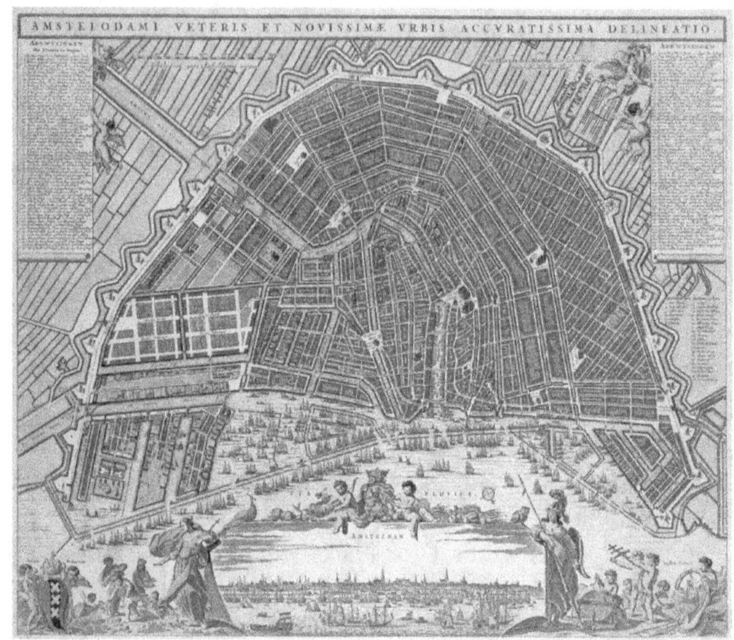

Afb. 1 In het begin van de achttiende eeuw verkrijgt de grachtengordel zijn definitieve vorm. Deze kaart is van Covens en Mortier uit circa 1721.

Genealogie van het geslacht Van Greuninge(n)

1.1   **Hendrick van Groeninge**, geboren in circa 1671. Ondertrouw op 25-04-1699 te Amsterdam Gehuwd met **Anna Cartois (Cortois, Kartois, Kortooijs)**, geboren in circa 1673, begraven op 27-01-1733 te Amsterdam, Karthuizer Kerkhof.

Hendrick is de huidige stamvader van het geslacht Van Greuninge(n). Uit de ondertrouwakte weten we dat hij ten tijde van zijn huwelijk 28 jaar oud was en huwde met de 26 jaar oude Anna Cartois.

Het is niet duidelijk wie de ouders zijn van Hendrick, maar op 08-01-1671 ging een zekere Jan van Groeninge te Amsterdam in ondertrouw met Grietje Bos. Deze Jan was eerder gehuwd met Trijntje Jans. Uitgaande van het geboortejaar van Hendrick is het mogelijk dat deze Jan van Groeninge en Grietje Bos de ouders zijn van Hendrick. Het gegevens dat de zoon van Hendrick een zoon Jan noemde en een dochter Geertruij lijkt deze aanname te ondersteunen.

Uit een kwijtscheldingsakte van 27-01-1718 blijkt dat Hendrick van Greuningen eigenaar was van een huis en erf, vooraan in de straat in de Boomstraat (Zuidzijde). Hoewel er nog een Hendrik van Greuningen in Amsterdam leefde (gehuwd met Anna Baart, begraven op 07-07-1720) kan toch geconcludeerd worden dat het hier onze Hendrick betreft aangezien in de begrafenisakte van zijn vrouw Anna werd opgenomen dat zij was overleden in haar huis in de Boomstraat.

Uit dit huwelijk:

1. **Hendrik van Greuningen** (zie: 2.1).

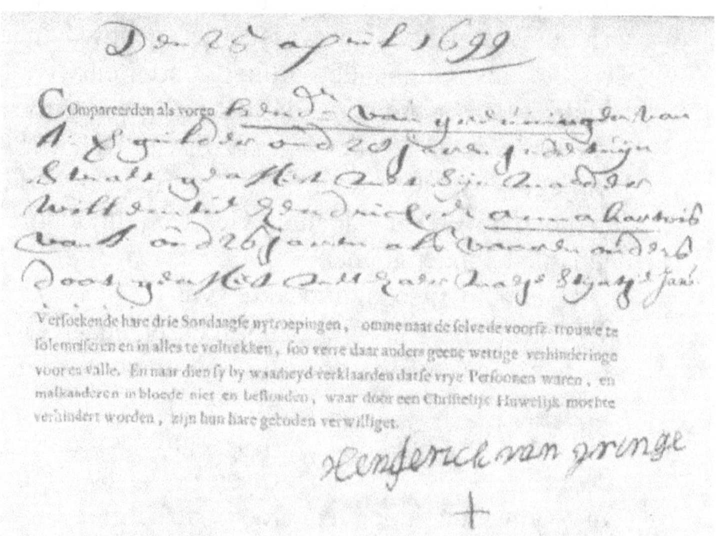

Afb. 2 Ondertrouw Hendrick van Groeninge en Anna Cartois in 1699. Met daarbij de handtekening van Hendrick en een kruisje van Anna.

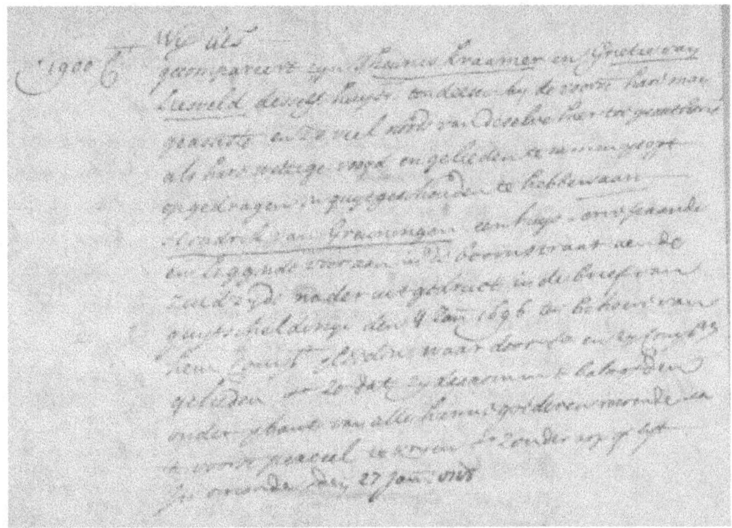

Afb. 3 Notariële akte van 27-01-1718 te Amsterdam waarin het huis aan de Boomstraat wordt vermeld.

Afb. 4 Vermelding van het overlijden van Anna Cartois in 1733.

2.1 **Hendrick (Henricus) van Greuningen (van Groeninge, van Greuninge)**, Nederlands-Hervormd gedoopt op 10-03-1700 te Amsterdam in de Noorderkerk. Mogelijk begraven op 02-04-1768 te Amsterdam (DTB Oude Kerk). Zoon van Hendrick van Groeninge en Anna Cartois (zie: 1.1). Gehuwd met **Anna Kanter**, gedoopt op 21-04-1707 te Amsterdam. Dochter van **Cornelis Jans Kanter** en **Aeltje Fransz. Buijk**.

Hendrick en Anna waren op 04-12-1732 getuige bij de doop van Alida Langenberg in de Oud-katholieke kerk De Pauw. Alida was een dochter van Alexander Langenberg en Anna de Graaf die we ook regelmatig terugvinden als getuigen bij de doop van de kinderen van Hendrick en Anna.

Uit dit huwelijk:

1. **Rudolphus van Greuningen**, Oud-Katholiek gedoopt op 02-02-1730 te Amsterdam in kerk De Pauw (getuige: **Gerrit van Greuningen** en **Aeltje Kanter**);
2. **Cornelis van Greuningen** (zie: 3.1);
3. **Gerardus van Greuningen**, Oud-Katholiek gedoopt op 12-03-1733 te Amsterdam in kerk De Pauw (getuige: **Alexander Langenberg** en **Anna de Graaf**);
4. **Jan van Greuningen**, Oud-Katholiek gedoopt op 31-05-1735 te Amsterdam in kerk De Pauw (getuige: **Jan Kanter** en **Matje Klumper**), mogelijk gehuwd met **Aaltje**

Dusseldorp (op 26-12-1756 werd hun zoon **Jacob** doopsgezind gedoopt in Kerk de Zon te Amsterdam, hierbij werd hij omschreven als Jan van Grueninge);

5. **Anna van Greuningen**, Oud-Katholiek gedoopt op 11-01-1738 te Amsterdam in kerk De Pauw (getuige: **Pieter van Rooij** en **Anna de Graef**), mogelijk begraven op 29-01-1766 te Amsterdam (St. Anthonis kerkhof);
6. **Geertruij van Greuningen**, Oud-Katholiek gedoopt op 25-02-1740 te Amsterdam in kerk De Pauw (getuige: **Alexander Langenberg** en **Geertruij Kriens**);
7. **Catharina van Greuningen**, Oud-Katholiek gedoopt op 24-02-1743 te Amsterdam in kerk De Pauw (getuige: **Catharina Laars**);
8. **Franciscus van Greuningen**, Oud-Katholiek gedoopt op 23-05-1746 te Amsterdam in kerk De Pauw (getuige: **Jan Kanter**);
9. **Alida van Greuningen**, Oud-Katholiek gedoopt op 22-04-1748 te Amsterdam in kerk De Pauw (getuige: **Petrus van Rooij**), mogelijk begraven op 14-07-1748 te Amsterdam (St. Anthonis Kerkhof (als Aaltje van Greuninge) of 08-08-1802 te Amsterdam (St. Anthonis kerkhof).

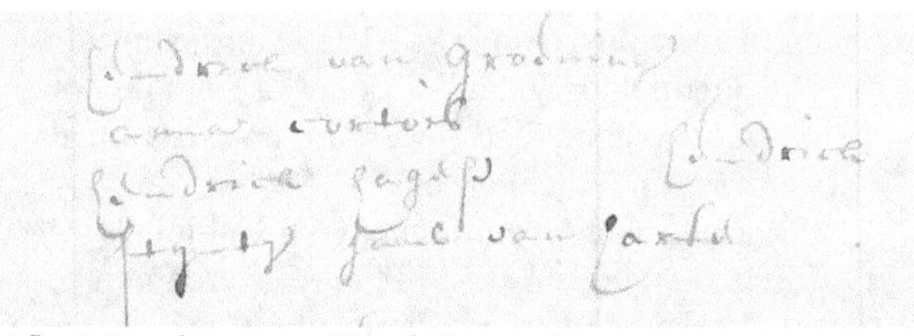

Afb. 5 De doop van Hendrik van Greuningen (van Groening in 1700.

Afb. 6 De doop van Geertuij van Greuningen in 1740.

Afb. 7 De doop van Catharina van Greuningen in 1743.

3.1 **Cornelis van Greuningen**, oud katholiek gedoopt op 23-07-1731 te Amsterdam in kerk De Pauw (getuige: Emerentia van Borne), begraven op 30-06-1775 te Amsterdam. Zoon van Hendrick van Greuningen en Anna Kanter (zie: 2.1). Gehuwd met **Johanna (Jannetje) Staats**, gereformeerd gedoopt op 14-04-1737 te Leiden, overleden circa 06-1781 te Amersfoort. Dochter van **Isaak Jacob (Yzak) Staats**, burger van Amersfoort, en **Johanna Gilleman**.

Cornelis en Johanna waren getuige bij de Hervormde doop van Cornelis de Jong op 09-12-1770 in de Oude Kerk te Amsterdam. Zoon van Cornelis de Jong en Susanna Scholte. Op 21-11-1773 waren zij getuige van de Hervormde doop van Alida Margrita van Eijbergen in de Oosterkerk te Amsterdam, dochter van Henderik van Eijbergen en Margrita Heijligen. Op 21-09-1768 waren zij in de Nieuwe Kerk te Amsterdam getuige bij de Hervormde doop van Katrina Elisabeth Rens, dochter van Willem Rens en Johanna Gelderblom. Op 14-10-1770 waren zij getuige bij de Hervormde doop van hun dochter Antje Rens.

Uit dit huwelijk:

1. **Hendrik van Greuningen** (zie: 4.1);
2. **Johanna Maria van Greuningen**, Nederlands Hervormd gedoopt op 13-01-1762 te Amsterdam in de Zuiderkerk (getuige: Isak Jacob Staats en Maria Hardhooren);
3. **Isaak van Greuningen** (zie: 4.2).

Afb. 8 Tekening van de oud-katholieke kerk De Pauw in de Keizersstraat te Amsterdam uit 1769 door Hendrik Keun. Links de zijbeuk met de gaanderij, rechts de preekstoel. De twee vrouwen zijn klopjes, ongehuwde vrouwelijke leken die bepaalde kerkelijke taken op zich namen.

Afb. 9 De doop van Cornelis van Greuningen in 1731.

Afb. 10 De doop van dochter Johanna Maria in 1762.

16

4.1   **Hendrik van Greuningen**, Nederlands Hervormd gedoopt op 13-08-1760 te Amsterdam (getuigen: Isaak Staats en Maria Hardhooren), overleden op 09-03-1817 te 's-Gravenhage. Zoon van Cornelis van Greuningen en Johanna Staats (zie: 3.1). Gehuwd op 11-11-1812 te Amersfoort met **Petronella (Pieternella) van Zutphen(t) (van Zutveen)**, Nederlands Hervormd gedoopt op 12-09-1792 te Utrecht, leefde op 28-12-1845 (huwelijk zoon Christiaan). Dochter van **Pieter van Zutphent**, kleermaker, en **Hendrina van Veen**. Petronella huwde (2) op 08-03-1826 te 's Gravenhage met **Louis Pieter Kalf**, bediende, geboren in circa 1796, zoon van **Dirk Kalf** en **Willemina van Rijswijk**. Petronella huwde (3) op 21-04-1841 te Rotterdam met **Balthasat Ott**, geboren in circa 1793 te 's Gravenhage. Zoon van **Balthasar Ott** en **Catharina Henkenaar**.

Hendrik is gedurende zijn leven regelmatig verhuisd. Hij groeide op in Amsterdam, huwde in Amersfoort en overleed in 's-Gravenhage. Zijn echtgenote Petronella was van beroep schoonmaakster. Na het overlijden van Hendrik huwde ze nog twee maal. Het derde huwelijk bracht haar uiteindelijk samen met haar kinderen in Rotterdam.

Uit dit huwelijk:

1. **Christiaan van Greuninge** (zie: 5.1).

4.2 **Isaak (Izaak) van Greuninge**, Nederlands Hervormd gedoopt op 17-06-1762 te Amsterdam in de Oude Kerk (getuigen: Isaak Jacob Staats en Eva Maria Wittenbeker). Zoon van Cornelis van Greuningen en Johanna Staats (zie: 3.1). Nederduits-gereformeerd gehuwd op 21-04-1782 (ondertrouw op 04-04-1782) te Amersfoort met **Gerarda (Gerritje, Gerrittie) van Inderen**, wonende te Amersfoort, mogelijk Nederlands Hervormd begraven op 16-12-1796 te Amersfoort.

Uit dit huwelijk:

1. **Cornelis van Greuningen**, Nederduits-gereformeerd gedoopt op 03-06-1783 te Amersfoort (getuige: Gerarda van Inderen);
2. **Hermanus van Greuningen**, Nederduits-gereformeerd gedoopt op 06-03-1785 te Amersfoort;
3. **Cornelis van Greuningen**, Nederduits-gereformeerd gedoopt op 12-11-1786 te Amersfoort (getuige: Anna Maria van Greuningen);
4. **Hermanus van Greuningen**, Nederduits-gereformeerd gedoopt op 20-06-1790 te Amersfoort (getuige: Maria Ouwerkerk).

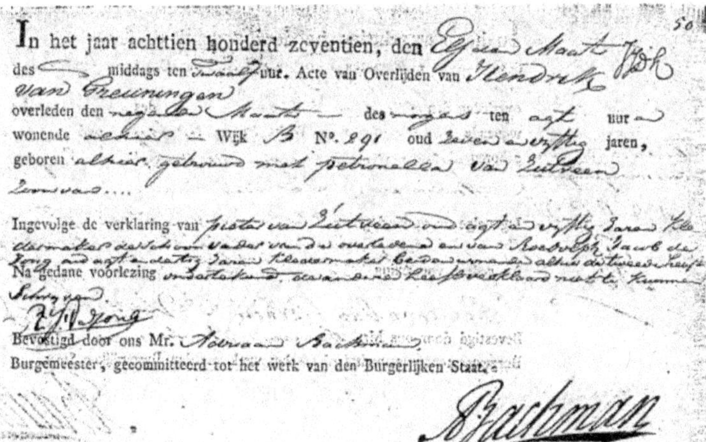

Afb. 11 Overlijdensakte van Hendrik van Greuningen in 1817 te 's-Gravenhage.

5.1   **Christiaan van Greuninge**, geboren op 22-08-
1816 te 's-Gravenhage, overleden op 30-04-1873
te Delfshaven. Zoon van Hendrik van Greuningen
en Petronella (Pieternella) van Zutphen(t) (van
Zutveen) (zie: 4.1). Gehuwd op 28-12-1845 te
Delfshaven met **Adriana Breevoort**, geboren op
18-02-1818 te Delfshaven, overleden op 22-05-
1894 om 05:00 uur te Rotterdam (Nieuwe Bin-
nenweg). Dochter van **Pieter Breevoort (Bree-
voord, Brevoort)** en **Maria Veldhof (Velthof,
Veldhof, Velthoff)**, winkelierster te Delfshaven.

Christiaan groeide op in Delfshaven en is daar
zijn gehele leven blijven wonen. Van beroep was
hij sjouwer en schrijnwerker. Adriana was dienst-
bode, winkelierster en later huisvrouw. Het gezin
stond geregistreerd als Nederlands Hervormd en
woonde in de Vorstraat c 13 en later de Nieuwe
Have 0/2 D. 123 k.

Uit dit huwelijk:

1. **Adriana Christina van Greuninge** (zie: 6.1);
2. **Pietronella van Greuninge**, geboren op 09-
    02-1848 te Delfshaven, overleden op 12-05-
    1848 te Delfshaven;
3. **Pieternella Jacoba van Greuninge**, geboren
    op 01-05-1849 te Delfshaven, overleden op
    11-09-1849 te Delfshaven;
4. **Christina van Greuninge(n)**, geboren op 10-
    05-1850 te Delfshaven, overleden op 24-12-
    1851 te Delfshaven;

5. **Christiaan Hendrik van Greuninge**,
   geboren op 01-01-1852 te Delfshaven,
   overleden op 06-01-1853 te Delfshaven;
6. **Pietronella van Greuninge** (zie: 6.2);
7. **Christiaan Hendrik van Greuninge** (zie:
   6.3);
8. **Cornelis Petrus Hendricus van Greuninge**,
   geboren op 25-04-1856 te Delfshaven,
   overleden op 25-05-1856 te Delfshaven;
9. **Cornelis Petrus Hendricus van Greuninge**,
   overleden op 14-09-1857 te Delfshaven;
10. **Maria van Greuninge** (zie: 6.4);
11. **Henderik van Greuninge**, geboren op 12-09-
    1860 te Delfshaven, overleden op 06-02-1862
    te Delfshaven;
12. **Johanna van Greuninge**, geboren op 27-06-
    1863 te Delfshaven, overleden op 03-10-1863
    te Delfshaven.

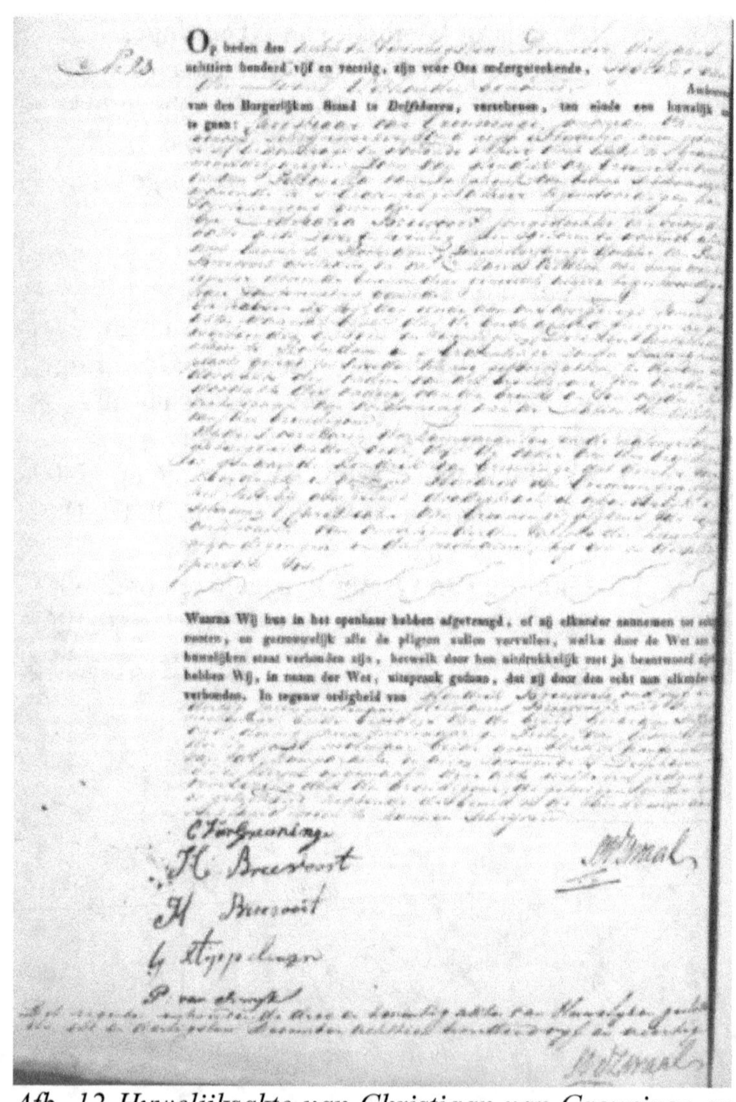

Afb. 12 Huwelijksakte van Christiaan van Greuninge en Adriana Breevoort in 1845 te Delfshaven.

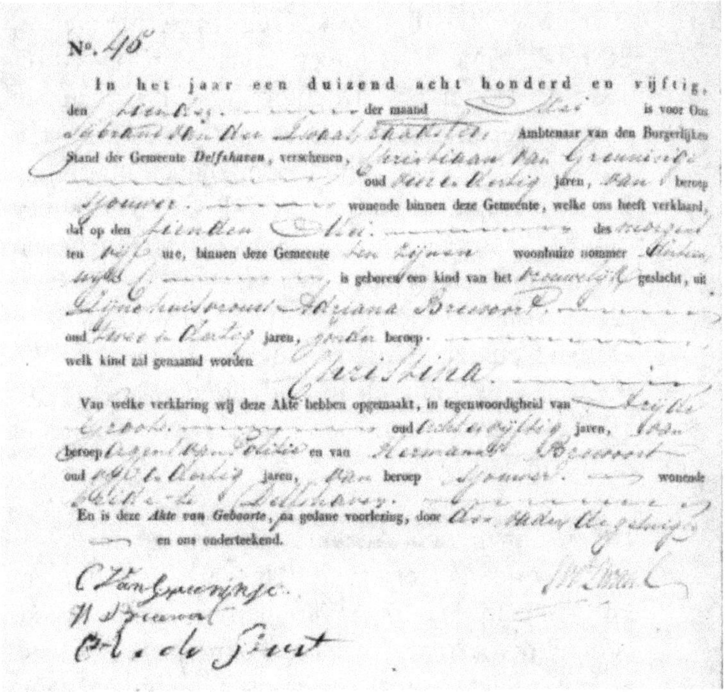

No. 45

In het jaar een duizend acht honderd en vijftig, den [illegible] der maand Mei is voor Ons [illegible] Ambtenaar van den Burgerlijken Stand der Gemeente *Delfshaven*, verschenen, Christiaan van Greuninge oud [illegible] jaren, van beroep sjouwer. wonende binnen deze Gemeente, welke ons heeft verklaard, dat op den [illegible] Mei des [illegible] ten [illegible] ure, binnen deze Gemeente [illegible] woonhuize nommer [illegible] is geboren een kind van het vrouwelijk geslacht, uit zijne huisvrouw Adriana [illegible] oud [illegible] jaren, zonder beroep.

welk kind zal genaamd worden Christina.

Van welke verklaring wij deze Akte hebben opgemaakt, in tegenwoordigheid van [illegible] oud [illegible] jaren, van beroep [illegible] en van Hermanus [illegible] oud [illegible] jaren, van beroep sjouwer wonende beide te Delfshaven.

En is deze *Akte van Geboorte*, na gedane voorlezing, door [illegible] en ons onderteekend.

C van Greuninge

H [illegible]

[illegible]

Afb. 13 Geboorteakte van Christina van Greuninge in 1850 te Delfshaven.

6.1 **Adriana Christina van Greuninge**, geboren op 28-09-1846 te Delfshaven, overleden op 10-05-1895 te Rotterdam. Dochter van Christiaan van Greuninge en Adriana Breevoort (zie: 5.1). Gehuwd (1) op 03-06-1869 te Delfshaven met **Klaas Nieuwstraten**, geboren op 27-11-1845 te Vlaardingen, overleden op 21-03-1878 te Delfshaven. Zoon van **Pieter Nieuwstraten**, kuiper, en **Maria Goudswaard**. Gehuwd (2) op 18-09-1879 te Delfshaven met **Govert Koene**, geboren op 17-05-1851 te Sommelsdijk, overleden op 19-01-1927 te Rotterdam. Zoon van **Dirk Koene** en **Trijntje van Dijk**.

De gezinnen van Adriana stonden geregistreerd als Nederlands Hervormd. Klaas was ten tijde van zijn huwelijk sjouwer van beroep. Haar tweede echtgenoot, Govert, was van beroep werkman of arbeider. Het gezin Koene–van Greuninge woonde aan de Waaldijk te Delfshaven.

Uit het huwelijk Nieuwstraten – van Greuninge:

1. **Maria Nieuwstraten**, geboren op 18-09-1869 te Delfshaven, overleden op 29-05-1955 te Rotterdam. Gehuwd (1) op 06-05-1891 te Rotterdam met **Pieter Jacobus van Hulst**, geboren op 07-12-1865 te Katendrecht. Zoon van **Hendrik van Hulst** en **Jacoba Kruidenier**. Gescheiden. Gehuwd (2) op 21-11-1906 te Rotterdam met **Josephus Carolus de Potter**, schoenmaker, geboren op 22-01-

1871 te Middelburg. Zoon van **Carolus Ludovicus de Potter** en **Maria Adriana Boudrij** (Maria was Nederlands Hervormd en Josephus was Rooms-Katholiek);

2. **Adriana Christina Nieuwstraten**, geboren op 30-11-1870 te Delfshaven, overleden op 04-03-1871 te Delfshaven;
3. **Pieter Nieuwstraten**, geboren op 04-01-1872 te Delfshaven, overleden op 26-09-1872 te Delfshaven;
4. **Adriana Christina Nieuwstraten**, geboren op 14-02-1873 te Delfshaven, overleden vóór 20-05-1876;
5. **Pieternella Nieuwstraten**, geboren op 09-10-1874 te Delfshaven, overleden op 15-09-1875 te Delfshaven;
6. **Adriana Christina Nieuwstraten**, geboren op 20-05-1876 te Delfshaven, overleden op 27-12-1949 te Rotterdam. Gehuwd op 02-11-1898 te Rotterdam met **Willem Cornelis Hanswijk**, geboren op 08-09-1878 te Rotterdam. Zoon van **Johannis Hanswijk** en **Elisabeth de Hooge**.

Uit het huwelijk Koene – van Greuninge:

7. **Dirk Koene**, geboren op 07-04-1880 te Delfshaven, overleden op 11-02-1960 te Rotterdam. Gehuwd op 30-11-1910 te Rotterdam met **Cornelia Baggerman**, geboren op 02-09-1884 te Kralingen. Dochter

van **Peter Baggerman** en **Johanna van de Pol**;

8. **Christiaan Koene**, geboren op 21-09-1881 te Delfshaven, overleden op 25-11-1881 te Delfshaven;
9. **Govert Koene**, geboren op 21-10-1882 te Delfshaven, overleden vóór 24-02-1887;
10. **Christiaan Koene**, geboren op 10-03-1884 te Delfshaven, overleden op 28-06-1884 te Delfshaven;
11. **Govert Koene**, geboren op 24-02-1887 te Delfshaven, overleden op 16-04-1909 te Rotterdam;
12. **Trijntje Koene**, overleden op 15-03-1887 te Rotterdam;
13. **Adrianus Koene**, geboren op 21-01-1891 te Rotterdam, overleden op 16-02-1893 te Rotterdam.

6.2 **Pietronella van Greuninge**, geboren op 01-01-1853 te Delfshaven, overleden op 02-11-1920 te Rotterdam. Dochter van Christiaan van Greuninge en Adriana Breevoort (zie: 5.1). Gehuwd op 09-10-1878 te Schiedam met **Daniel Maltha**, geboren op 07-03-1856 te Schiedam, overleden op 09-06-1896 te Schiedam. Zoon van **Burg Maltha** en **Johanna Adriana van der Velden**.

Uit een mogelijk eerdere relatie van Pietronella:

1. **N.N. van Greuninge**, vrouwelijk, levenloos geboren op 18-09-1878 te Schiedam (aangegeven door Cornelis Maltha, kuiper, en Hendrik Collignon, kuiper). Aangezien de aangifte is gedaan door een zekere Cornelis Maltha lijkt het erop dat dit meisje ook een dochter was van Daniel Maltha maar dat het stel nog niet gehuwd was.

Uit dit huwelijk:

2. **N.N. Maltha**, mannelijk, levenloos geboren op 07-08-1879 te Schiedam;
3. **Burg Christiaan Maltha**, geboren in circa 1880 te Schiedam. Gehuwd op 30-11-1904 te Rotterdam met **Neeltje Pieternella van de Wetering**, geboren in circa 1884 te Kralingen. Dochter van **Frederik Albertus van de Wetering** en **Lijntje Helena Laven**;
4. **N.N. Maltha**, mannelijk, levenloos geboren op 04-12-1881 te Schiedam;
5. **N.N. Maltha**, vrouwelijk, levenloos geboren op 24-09-1882 te Schiedam;
6. **N.N. Maltha**, mannelijk, levenloos geboren op 24-09-1882 te Schiedam.

6.3 **Christiaan Hendrik van Greuninge**, geboren op
07-01-1854 te Delfshaven, nr.12, Wijk C, overleden op 14-12-1922 om 18:00 uur te Rotterdam
(Oostervantstraat 17). Zoon van Christiaan van
Greuninge en Adriana Breevoort (zie: 5.1). Gehuwd (1) op 03-10-1878 te Delfshaven (ondertrouw op 24 en 29-09-1878 te Delfshaven) met
Johanna Francina Romer, geboren op 06-09-
1848 te Rotterdam, overleden op 24-07-1902 om
13:00 uur te Rotterdam (in een huis aan de Voor-
straat). Dochter van **Jan Romer**, pakhuisknecht,
en **Johanna Catharina Engelfriet**. Gehuwd (2)
op 20-09-1905 te Delfshaven met **Neeltje Onder
de Linde**, geboren op 06-11-1849 te Middelhar-
nis, overleden op 20-07-1925 te Rotterdam.
Dochter van **Matthijs Onder de Linde** en **Aagje
Korteweg**.

Het gezin stond ingeschreven als Nederlands Hervormd. Christiaan Hendrik was van beroep loswerkman en later brandersknecht.

Uit dit huwelijk:

1. **Christiaan Hendrik van Greuninge**
   (zie: 7.1);
2. **Johanna Catharina van Greuninge**
   (zie: 7.2).

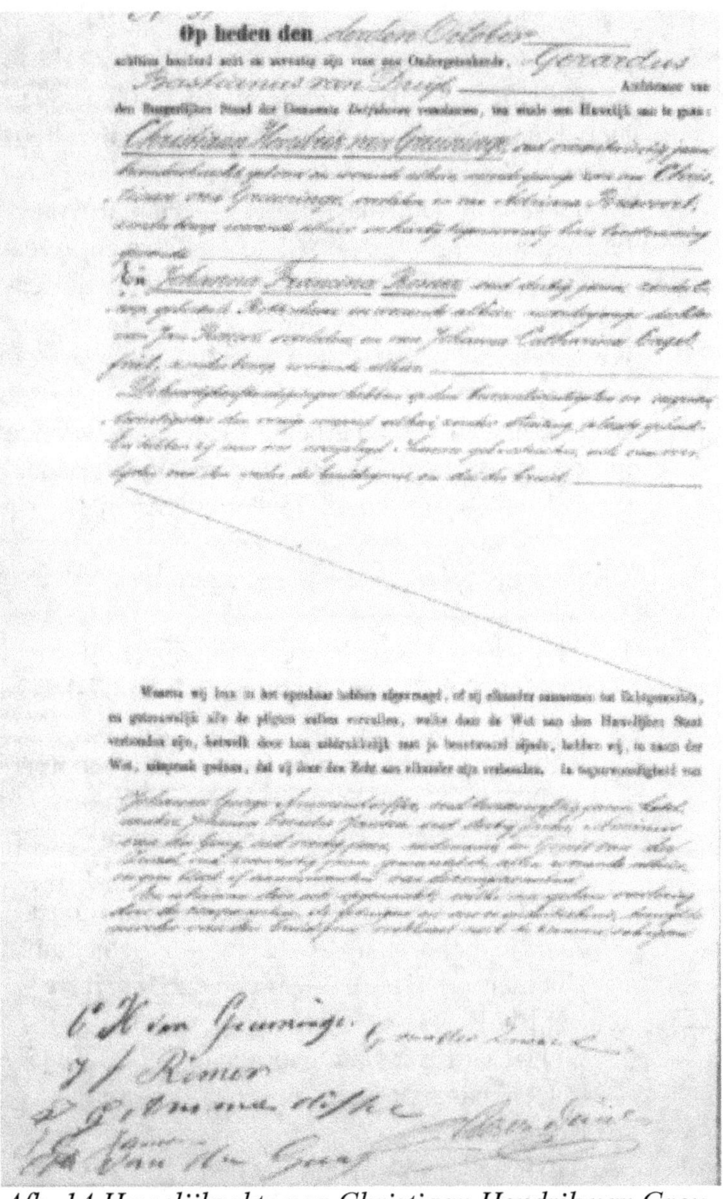

*Afb. 14 Huwelijksakte van Christiaan Hendrik van Greu-
ninge en Johanna Francina Romer in 1878.*

29

6.4   **Maria van Greuninge**, geboren op 15-07-1859 te Delfshaven. Dochter van Christiaan van Greuninge en Adriana Breevoort (zie: 5.1). Gehuwd op 03-05-1883 te Delfshaven met **Gerrit van Baarlen**, geboren op 09-02-1861 te Delfshaven, overleden op 08-06-1926 te Rotterdam. Zoon van **Karel van Baarlen**, ketelmaker, en **Trijntje van Kesteren**.

Gerrit was van beroep arbeider. Het gezin woonde in de Geuzenstraat 1 5, Piet Heynplein 57, Moorstraat 1 en Voorhaven 62-78 te Delfshaven.

Uit dit huwelijk:

1. **Trijntje van Baarlen**, geboren op 21-11-1883 te Delfshaven, overleden op 26-07-1952 te Schiedam. Gehuwd op 07-06-1905 te Rotterdam met **Cornelis Brussaard**, geboren op 08-10-1883 te Schiedam, overleden op 07-03-1956 te Schiedam. Zoon van **Gerrit Brussaard** en **Cornelia den Herder**. Cornelis huwde (2) met **Dorothea Jacoba Antoinetta Zwalje**, geboren op 26-12-1894 te Schiedam. Dochter van **Hendrik Zwalje** en **Henriette Sophia Perre**;
2. **Gerrit van Baarlen**, geboren op 19-02-1885 te Delfshaven, overleden op 23-01-1890 te Rotterdam;
3. **Adriana van Baarlen**, overleden op 26-02-1887 te Rotterdam;

4. **Adrianus van Baarlen**, geboren op 07-03-1887 te Rotterdam;
5. **Karel van Baarlen**, geboren op 30-06-1888 te Rotterdam, overleden op 03-02-1890 te Rotterdam;
6. **Christianus van Baarlen**, geboren op 07-12-1889 te Rotterdam, overleden op 23-06-1956 te Rotterdam. Gehuwd op 11-08-1909 te Rotterdam met **Willemina Admiraal**, geboren op 14-01-1889 te Rotterdam, overleden op 18-12-1967 te Rotterdam. Dochter van **Pieter Admiraal** en **Pouwelina Wilhellemina Springeling**;
7. **Gerrit van Baarlen**, geboren op 28-02-1891 te Rotterdam, overleden op 29-03-1963 te Rotterdam. Gehuwd op 08-03-1911 te Rotterdam met **Sara Johanna Spek**, geboren op 05-09-1888 te Rotterdam. Dochter van **Arie Cornelis Spek** en **Annigje Teunisse**;
8. **Maria van Baarlen**, geboren op 25-05-1892 te Rotterdam, overleden op 19-03-1893 te Rotterdam;
9. **Maria van Baarlen**, geboren op 28-06-1893 te Rotterdam. Gehuwd op 20-05-1914 te Rotterdam met **Aart Bussem**, sleeper, loswerkman, geboren op 12-05-1894 te 's Gravendeel. Zoon van **Johannes Bussem** en **Lijntje van der Heiden**;
10. **Adriana van Baarlen**, geboren op 20-08-1894 te Rotterdam;

11. **Karel van Baarlen**, geboren op 25-09-1895
te Rotterdam, overleden op 09-06-1896 te
Rotterdam;

12. **Johanna van Baarlen**, overleden op 28-08-
1899 te Rotterdam;

13. **Karel van Baarlen**, overleden op 21-07-1901
te Rotterdam;

14. **Geertje van Baarlen**, geboren op 30-12-1901
te Rotterdam. Gehuwd op 22-04-1931 te
Rotterdam met **Johannes Hendrikus
Bartholomeus Oomen**, geboren op 18-08-
1893 te Rotterdam. Zoon van **Adrianus
Oomen** en **Elisabeth de Gier**.

7.1   **Christiaan Hendrik van Greuninge**, geboren op
11-04-1882 te Delfshaven, overleden op 22-11-
1934 te Schiedam. Zoon van Christiaan Hendrik
van Greuninge en Johanna Francina Romer (zie:
6.3). Gehuwd op 02-07-1903 te Schiedam met
Catharina Klazina Visser, geboren op 06-09-
1884 te Leerdam.

Christiaan Hendrik was van beroep pakhuisknecht, fabrieksarbeider, gemeente werkman en
uiteindelijk plaatwerker op een glasfabriek. Op
hun gezinskaart stond vermeld dat zij geen lid waren van een kerkgenootschap.

Uit dit huwelijk:

1. **Christiaan Hendrik van Greuninge**
(zie: 8.1).

7.2   **Johanna Catharina van Greuninge** geboren 11-08-1885 Delfshaven, overleden 03-11-1971 Rotterdam. Zoon van Christiaan Hendrik van Greuninge en Johanna Francina Romer (zie: 6.3). Gehuwd op 16-10-1907 te Rotterdam met **Theodorus (Theo) Alders**, geboren op 13-09-1884 te Rotterdam, overleden op 07-01-1965 te Rotterdam-Overschie. Zoon van **Theodorus Alders**, vrachtrijder, loswerkman, en **Louisa Sophia Willemina van Loon**.

Theodorus was van beroep sleepersknecht en loswerkman (arbeider zonder vast beroep). Op 11-08-1931 woonde het gezin aan de Lange Frankenstraat 27 A. Op 17-01-1941 verhuisde het gezin naar de Distelweg 26. Op 07-06-1941 verhuisden zij naar de Verlaatstraat 20 in het nooddorp te Overschie om uiteindelijk op 02-12-1953 te verhuizen naar de Verlaatstraat 29. Hier bleven Theo en Johanna de rest van hun leven wonen.

Hun kleindochter, Gracia Patricia Alders, kan zich nog goed herinneren dat Theodorus in zijn latere levensjaren een opvallend overgewicht had. Zij heeft hem dan ook nooit zien lopen. Meestal zat hij buiten op de zinken vuilnisbak. Samen met haar speelde hij dan handjeklap. Het verhaal gaat dat er na zijn overlijden een röntgenfoto werd gemaakt om de doodsoorzaak vast te stellen, maar dat de artsen vanwege het overgewicht zijn hart niet konden zien op de foto.

Uit dit huwelijk:

1. **Louisa Sophia Willemina Alders**, geboren op 11-09-1907 te Rotterdam. Gehuwd op 17-10-1928 te Rotterdam met **Arie Hazebroek**, geboren op 08-02-1905 te Rotterdam. Zoon van **Arie Hazebroek** en **Adriaantje Gebuijs**;
2. **Christiaan Hendrik Alders**, erfknecht, geboren op 19-01-1909 te Rotterdam. Gehuwd op 07-09-1932 te Rotterdam met **Helena Wilhelmina Huis**, geboren op 01-03-1913 te Rotterdam. Dochter van **Dirk Willem Huis** en **Apolonia Alida Grevel**;
3. **Theodorus Alders**, geboren op 26-06-1910 te Rotterdam, overleden op 19-07-1950 te Rotterdam. Verliet op 15-03-1935 het ouderlijk huis. Gehuwd met **Anna Turner**;
4. **Johanna Francina Alders**, geboren op 03-01-1912 te Rotterdam. Gehuwd op 16-03-1938 te Rotterdam met **N.H. v.d. Reijden**;
5. **Catharina Alders**, geboren op 15-04-1913 te Rotterdam, overleden op 22-05-1914 te Rotterdam;
6. **Anna Adriana Alders**, geboren op 12-03-1915 te Rotterdam. Gehuwd op 07-11-1934 te Rotterdam met **Johannes Christoffel Beer**, geboren op 01-05-1906 te Rotterdam. Zoon van **Johannes Christoffel Beer** en **Johanna Maria van den Berg**;
7. **Philippus Johannes (Flip) Alders**, sjouwer, amateur bokser, geboren op 02-08-1917 te Rotterdam, overleden op 31-10-1997 te

Rotterdam-Overschie om 14:45 uur. Begraven
op 04-11-1997 te begraafplaats Hofwijk te
Rotterdam-Overschie. Gehuwd op 22-11-1939
te Rotterdam met **Johanna (Jo) Kuiper**,
geboren op 06-10-1921 te Rotterdam,
overleden op 25-08-2014 om 03:15 uur te
Rotterdam-Overschie (verzorgingstehuis
Stadzicht), begraven op 28-08-2014 te
begraafplaats Hofwijk te Rotterdam-
Overschie. Dochter van **Gerrit Kuiper**,
uurwerkmaker, en **Elsje Raucamp**;

8. **Dirk Alders**, tweelingbroer van Philippus
   Johannes, geboren 02-08-1917 te Rotterdam,
   overleden op 04-08-1917 te Rotterdam;
9. **Adrianus Alders**, geboren 30-01-1920 te Rotterdam, overleden 19-02-1951 te Rotterdam;
10. **Dirk Alders**, geboren op 25-10-1921 te
    Rotterdam. Ongehuwd het ouderlijk huis
    verlaten op 18-01-1946;
11. **Catharina Alders**, geboren op 12-05-1924 te
    Rotterdam. Gehuwd op 20-07-1948 te
    Rotterdam met **Wim Willems**;
12. **Eva Theodora Alders**, tweelingzus van
    Catharina, geboren op 12-05-1924 te
    Rotterdam. Gehuwd op 18-11-1942 te
    Rotterdam met **Frederik van Meurs**, geboren
    in circa 1918 te Rotterdam, overleden op 04-
    01-1945 te Dortmund, Duitsland. Zoon van
    Pieter van Meurs en **Margaretha Kruit**;
13. **Lamberta Maria Alders**, geboren op 06-09-
    1925 te Rotterdam. Gehuwd op 22-12-1949 te
    Rotterdam met **J. Klapwijk**.

Afb. 15 Theodorus Alders.

Afb. 16 Johanna Catharina van Greuninge in haar huis in het Nooddorp te Overschie.

8.1   **Christiaan Hendrik van Greuninge**, geboren op
10-01-1910 te Schiedam. Zoon van Christiaan
Hendrik van Greuninge en Catharina Klazina
Visser (zie: 7.1). Gehuwd op 25-01-1933 te
Schiedam met **Cornelia Maria Janse**, geboren op
21-04-1913 te Schiedam. Dochter van **Willem
Janse**, koetsier, en **Catharina van Gemert**.

Christiaan Hendrik was van beroep metaaldraaier.

Uit dit huwelijk:

1. **N.N. van Greuninge**, mannelijk, levenloos
    geboren op 07-07-1933 te Schiedam.

Geraadpleegde bronnen

Begraafplaats Hofwijk, Rotterdam.

Centraal Bureau voor Genealogie.

Familiearchief van de familie Alders.

Familiearchief van de familie Roeling.

Gemeentearchief Amsterdam.

Gemeentearchief Rotterdam.

Gemeentearchief Schiedam.

Haags Gemeentearchief.

Het Archief Eemland.

Het Utrechts Archief.

Kwartierstaat van Hendrik van Greuningen, Frank J. Coster, 2009.

Lonen, prijzen en consumptie rond 1900, Collegenet, 2008.

Nederlandse familienamen databank, Meertens Instituut, 2010.

Nederlandse voornamen databank, Meertens Instituut, 2010.

www.oud-rotterdam.nl

Persoonlijke correspondentie met leden van de familie Alders.

WieWasWie, wiewaswie.nl, 2020.